DEZ RESPIRAÇÕES PARA A FELICIDADE

Editor: Adilson Silva Ramachandra
Editora de texto: Denise de C. Rocha Delela
Coordenação editorial: Roseli de S. Ferraz
Produção editorial: Indiara Faria Kayo
Assistente de produção editorial: Brenda Narciso
Editoração Eletrônica: Fama Editora
Revisão: Liliane S. M. Cajado e Yociko Oikawa

Dados Internacionais de Catalogação na Publicação (CIP)
(Câmara Brasileira do Livro, SP, Brasil)

Schneider, Glen
Dez respirações para a felicidade : práticas simples e meditações dirigidas para viver em plenitude / Glen Schneider; prefácio de Thic Nhat Hanh; tradução Euclides Luiz Calloni, Cleusa Margô Wosgrau. – São Paulo: Pensamento, 2015.

Título original: Ten breaths to happiness.
ISBN 978-85-315-1909-3
1. Budismo 2. Meditação – Budismo zen 3. Vida espiritual – Budismo zen I. Hanh, Thich Nhat. II. Título.

15-02057 CDD-294.34446

Índices para catálogo sistemático:
1. Budismo zen : Meditação 294.34446
2. Meditação budista zen 294.34446

GLEN SCHNEIDER

Prefácio de Thich Nhat Hanh

DEZ RESPIRAÇÕES PARA A FELICIDADE

Práticas Simples e Meditações Dirigidas para Viver em Plenitude

Tradução:

EUCLIDES LUIZ CALLONI

CLEUSA MARGÔ WOSGRAU

Editora Pensamento
SÃO PAULO

Título original: *Ten Breaths to Happiness*.

Texto de acordo com as novas regras ortográficas da língua portuguesa.
1ª edição 2015.

Resumo: "Felicidade é muito mais do que um sentimento positivo que vem e vai; a felicidade é inerente à fisiologia do nosso cérebro. É um estado que todos podemos alcançar cultivando a atenção plena e a concentração. Em *Dez Respirações para a Felicidade*, Schneider oferece uma série de práticas simples e de meditações dirigidas que nos possibilitam reprogramar, literalmente, nossas vias neurais e assim sentir uma alegria e uma paz mais profundas e permanentes. Estudos em neurociências mostram que bastam cerca de trinta segundos para construir uma nova via neural. Schneider utiliza essas descobertas e as combina com práticas de atenção plena baseadas nos ensinamentos do mestre zen Thich Nhat Hanh. Por exemplo, ele nos incentiva a fazer dez respirações conscientes sempre que nos deparamos com algo belo ou quando vivemos uma experiência emocionante. A prática perseverante desse exercício simples cria oportunidades para que o cérebro abandone momentaneamente sua reação automática de proteção e assuma uma atitude de encantamento e infinitude." — O editor.

Direitos de tradução para o Brasil adquiridos com exclusividade pela
EDITORA PENSAMENTO-CULTRIX LTDA., que se reserva a
propriedade literária desta tradução.
Rua Dr. Mário Vicente, 368 — 04270-000 — São Paulo — SP
Fone: (11) 2066-9000 — Fax: (11) 2066-9008
http://www.editorapensamento.com.br
E-mail: atendimento@editorapensamento.com.br
Foi feito o depósito legal.

Sumário

Prefácio

Para muitas pessoas, atenção plena é algo muito simples – é apenas inspirar e expirar. Elas estão certas. Concentrando a atenção na respiração, estamos mais presentes a nós mesmos e ao mundo e podemos viver em profundidade cada momento da nossa vida diária. A respiração atenta nos mantém calmos e alegres e nos ajuda a ter clareza mental. Ajuda-nos a transformar o sofrimento interior e a entrar em contato com a verdadeira natureza da realidade.

É necessário certo treinamento para respirar com atenção. Alguns dias de prática, porém, já produzem bons resultados. Seremos capazes de despertar um sentimento de alegria e contentamento sempre que desejarmos. Inspiramos e trazemos a mente para casa, para o nosso corpo, e num átimo estamos presentes no aqui e agora, o que é muito saudável. Além disso, teremos condições de identificar as centenas de situações de felicidade que estão à nossa disposição, mais do que suficientes para sermos felizes.

Ao trazer a mente para casa, fique no seu corpo, permaneça no aqui e agora, aproveite o momento para viver plenamente, profundamente. Então, seus pensamentos, seus projetos, suas emoções fortes deixam de arrastá-lo para o passado ou para o futuro. Fazer dez respirações atentas pode parecer algo modesto, mas seus efeitos são imensos.

Existem em seu cérebro muitas vias neurais sobrecarregadas. Quando você entra em contato com alguma coisa que habitualmente desencadeia um determinado sentimento em seu íntimo, como a raiva, por exemplo, a passagem frequente desse sentimento por essa via neural se transforma num hábito — nesse caso, um hábito de raiva. Com a prática da respiração atenta, como as Dez Respirações, você sempre pode abrir novas vias neurais. E quando você transforma essa atitude em hábito, nós o chamamos de hábito da felicidade. Qualquer momento pode ser um momento de felicidade.

Todos nós nos beneficiamos com uma vida mais feliz. Por isso, reserve um tempo para respirar. Essa prática pode fazer toda a diferença. Você relaxa e se torna uma pessoa livre. Como pessoa livre, você descobre que existem muitas maneiras de reagir ao mesmo acontecimento, não apenas uma. Quando produzimos a energia do amor e da compaixão, a felicidade aparece. É disso que mais precisamos. É disso que o mundo mais necessita.

— THICH NHAT HANH

introdução

PARE E SABOREIE A VIDA

Inspirando, conscientizo-me de que estou vivo.
Expirando, sorrio para a vida que está em mim e ao meu redor.
– THICH NHAT HANH

Eu estava no meu jardim, ao final de um dia de temperatura agradável de fevereiro, quando procurei realizar a prática das Dez Respirações pela primeira vez. Eu seguia por uma trilha do terreno quando olhei para o céu e vi a Lua crescente emoldurada pelos galhos desfolhados da nossa castanheira. Parei para absorver esse belo cenário, e enquanto olhava, resolvi fazer dez respirações conscientes olhando para a Lua através dos galhos. Durante as dez respirações, senti uma sensação diferente, nova, em algum lugar no meu peito: uma sensação sutil, muito agradável. Em seguida, continuei no meu caminho.

Na noite seguinte, saí para ir até a garagem. Olhei casualmente para o céu e lá estava a Lua crescente outra vez, no céu aberto, um pouco mais alta. Parei por um momento – não sei por que – e no mesmo instante senti uma onda de sentimentos, como se estivesse saudando uma velha e querida amiga, e do meu íntimo jorraram estas palavras: "Sim, sim, você e eu, estamos de volta".

Isso me surpreendeu, pois eu nunca sentira uma ligação assim nem tivera um sentimento tão íntimo em relação à Lua. Lembrei-me então da experiência da noite anterior.

A prática das Dez Respirações é uma maneira simples de usar a respiração rítmica, consciente, para nos ajudar a saborear a vida e viver mais plenamente. É uma prática bem simples. Quando algo bom e maravilhoso nos toca – uma paisagem, um som, um sentimento – paramos e lhe dedicamos nossa total presença pelo tempo de dez respirações, de modo a realmente *saborear* a experiência do momento.

Se prestarmos bem atenção, veremos que oportunidades para felicidade, para vislumbrar a grandiosidade da vida, realmente se apresentam inúmeras vezes ao longo do dia. Alguma coisa prende o nosso olhar, alguma coisa toca o nosso coração. Bons sentimentos surgem.

Aos poucos, eu me treinei a parar e desfrutar cada vez mais esses momentos, inspirando e expirando dez vezes. Árvores, pássaros, flores, mesmo meu corpo, todos se tornaram bons amigos. Redescobri sentimentos de amor e encantamento que estavam adormecidos em mim desde a infância. Aprendi maneiras de aprofundar minhas relações com outras pessoas. A minha reverência pela vida, como também a minha gratidão, aumentaram de forma imensurável.

Quando digo felicidade, refiro-me à satisfação profunda e permanente de contentamento, de ligação, de realização, de viver com alegria no momento presente. Felicidade é a experiência de abrir-se para a bondade e o milagre da vida, de desfrutar a vida profundamente e de se sentir visceralmente conectado às pessoas, ao todo da criação e à dimensão espiritual.

Muitas pessoas com quem converso confessam alimentar um medo enorme de estar de algum modo desperdiçando a vida; de estar vivas, mas não vivendo plenamente a vida. Elas acham que apenas têm lampejos da promessa da vida. Eu também conheço essa sensação, e no meu caso suas raízes são profundas.

A prática das Dez Respirações me ensinou a parar, abrir meu coração e saborear as coisas que eu amo – a deixar entrar o que é bom. Minha vida desenvolveu-se de formas que eu jamais imaginaria serem possíveis.

Síntese da Prática das Dez Respirações

Veja a seguir as etapas principais da prática das Dez Respirações. Outros detalhes encontram-se nos Capítulos Dois, Três e Quatro, onde você aprende a prática passo a passo.

Quando um momento de beleza se apresentar e você se deparar com algo que gostaria de apreciar, como um raio de sol numa gota de orvalho:

1 Pare o que estiver fazendo.
2 Feche os olhos, coloque a mão dominante sobre o abdômen e comece a prestar atenção à sua respiração. Sinta a mão subindo e descendo sobre o abdômen enquanto respira. Faça três respirações profundas para acalmar e limpar a mente.
3 Ao perceber-se mais presente, abra os olhos e olhe para o objeto de sua concentração. Inspire e expire profunda e lentamente. Conte "um".
4 Continue contando cada respiração: "dois", "três", "quatro"... Deixe o seu encontro desenvolver-se naturalmente. Apenas contemple o objeto de sua atenção e observe-o sem nenhum comentário mental ou julgamento

durante a contagem. Observe sua cor, forma, som ou cheiro.

5 Enquanto conta, conscientize-se do seu corpo e de outras sensações ou sentimentos que possam surgir. Permita que cada célula do seu corpo se abra para o contato. Deixe que a experiência seja a mais plena possível. Não bloqueie.

6 Ao chegar a "dez", demore-se na sensação do momento. Então, se quiser, faça mais dez respirações da mesma forma.

A prática das Dez Respirações é muito simples conceitualmente, mas pode ser bastante complicada em sua execução. Ela precisa se tornar um costume e exige foco e coragem. Às vezes é difícil simplesmente parar o que estamos fazendo e abrir espaço para apreciar a vida mais plenamente.

Para aprender a parar, estabeleci para mim como objetivo fazer Dez Respirações pelo menos uma vez por dia. No início, isso me incomodava um pouco, mas agora se tornou uma segunda natureza. Eu aguardo com satisfação o novo encontro de cada dia. É muito divertido. O que vai me atrair, o que vai tocar meu coração, qual será meu petisco do dia?

Na semana passada, passeando às margens de um riacho, observei uma touça de escrofulárias da Califórnia florescendo na base de um carvalho do vale. Ao passar pelas flores, eu me ouvi sussurrando, "Que beleza!" E uma voz dentro de mim disse, "Este é um momento para as Dez Respirações". Então voltei alguns passos e dediquei Dez Respirações à ocasião. Meus olhos se regalaram com o colorido purpúreo, vivo e brilhante, dos novos rebentos, a luz do sol oblíqua acariciando as folhas, suas bordas em zigue-zague tremulando ao sopro da brisa. Esses eram detalhes que eu nunca observara nessa planta antes, e foi emocionante descobrir tanta novidade e beleza no mundo. Eu me senti a pessoa mais privilegiada da Terra e vivi um momento tão maravilhoso, que dediquei ao cenário mais três ou quatro séries de Dez Respirações.

O importante na prática das Dez Respirações é iniciar e persistir na intenção de continuar a contagem até "dez". Fazendo isso, você cria uma nova via neural que ajuda a firmar o hábito da felicidade.

A prática das Dez Respirações envolve a participação do professor interno. O que atrai a sua atenção depende única e totalmente de você. A forma como você vê a sua experiência e como ela se desenvolve é exclusividade sua. Você pode praticar em qualquer lugar e a qualquer momento. Quando alguma coisa se revela bela e significativa para você, manifeste-lhe todo seu respeito e dedique-lhe o tempo que ela merece. A sua recompensa será indescritível.

Nossas mãos absorvem como raízes,
por isso as coloco no que é
belo neste mundo.

– FRANCISCO DE ASSIS

capítulo um

NOVAS VIAS PARA A FELICIDADE

A prática das Dez Respirações é uma espécie de treinamento. Quando treinamos o corpo, nós nos exercitamos para ajudar nossos músculos a crescer e desenvolver-se. Algo semelhante acontece com a mente; exercitando-a, podemos ajudá-la a aprender hábitos de felicidade e assim favorecer a realização das nossas aspirações mais profundas.

Podemos aprender a ver a vida com o espírito de Francisco de Assis. Para ele, nós "absorvemos" o mundo. Ele praticava a convivência "com o que é belo neste mundo", e referiu-se ao uso das mãos. Podemos usar toda a nossa presença para entrar em contato com o que é belo, saudável e vivificante.

Três descobertas recentes da neurociência dão sustentação a essa forma de ver a vida:

1 O nosso cérebro é constituído de células chamadas neurônios, que se juntam química e eletricamente em feixes chamados vias neurais. As nossas impressões sensoriais, lembranças, capacidades, padrões emocionais, tudo está codificado dessa forma na fisiologia do cérebro. O tráfego mental tende a seguir rotas já existentes, pouco importando se a via neural é apropriada, certa ou mesmo benéfica. A começar na infância, quanto mais repetimos um padrão, mais habitual ele se torna. Como escreve o psicólogo Rick Hanson, "O que acontece na sua mente modifica o seu cérebro, tanto de forma passageira quanto

permanente; neurônios que disparam juntos se interconectam".*

2 O organismo humano está programado – predominantemente – para identificar perigos e ameaças. A sobrevivência está acima de tudo. A felicidade e a alegria são comportamentos secundários, mas podem ser aprendidos.

3 Os neurocientistas descobriram que bastam cerca de trinta segundos de estimulação para consolidar uma nova via neural. Uma nova via neural enraíza-se mais firmemente quanto mais perdurar uma experiência na consciência e quanto mais intensa for a estimulação emocional. Quando novas conexões são criadas e usadas repetidamente, pequenas trilhas acabam se tornando avenidas. Com a prática podemos reprogramar nosso cérebro de modo

* Ver Rick Hanson e Richard Mendius, *Buddha's Brain: The Practical Neuroscience of Happiness, Love, and Wisdom* (Oakland, CA: New Harbinger Publications, Inc., 2009).

que padrões de felicidade se tornem habituais e profundamente substanciosos.

A técnica das Dez Respirações integra essas descobertas da neurociência de maneira prática. As tradições de meditação usam há muito tempo a contagem da respiração até dez como forma de manter a concentração. Acontece também que é possível fazer dez respirações conscientes em um minuto, talvez com poucos segundos a mais. Assim, juntando a contagem de dez respirações com experiências positivas, temos uma medida generosa do tempo necessário para arraigar firmemente e fortalecer uma nova via.

Para estabelecer novos padrões de felicidade e enraizá-los psicologicamente precisamos cumprir estas duas exigências, que são a essência da prática das Dez Respirações:

- Manter experiências positivas por trinta segundos, pelo menos.

- Sentir experiências positivas *no corpo* o mais intensamente possível.

Usamos a respiração para deter o fluxo dos pensamentos e conectar mente e corpo. A respiração pode se tornar a porta para uma tomada de consciência das nossas sensações corporais, das emoções e das nossas lembranças. Melhor que tudo, como a respiração está sempre conosco, podemos realizar esta prática a qualquer momento e em qualquer lugar.

Eu imaginava a felicidade como o tempo bom – presente às vezes, outras vezes ausente. A felicidade chegava e ia embora, totalmente fora do meu controle. Depois da minha experiência com a Lua e a castanheira, descortinei uma possibilidade diferente. Eu podia usar ativamente a prática das Dez Respirações para fortalecer o que era bom e bonito em mim e aos poucos alterar minha relação com o mundo. Com esta prática, aprendi que podia *escolher* a felicidade e regar suas sementes com minha respiração.

Não podemos escolher tudo o que acontece conosco, e seja o que for que fizermos, encontraremos dificuldades. Mas, definitivamente, temos condições de aumentar a nossa felicidade. Isto é revolucionário.

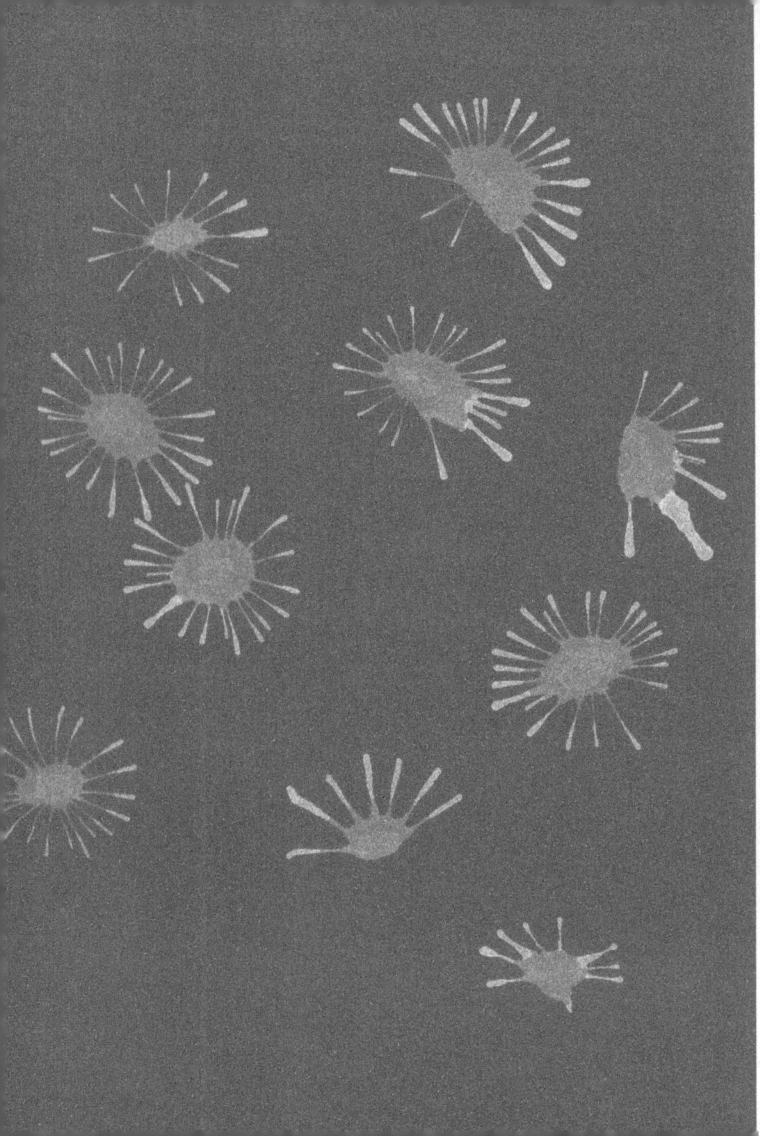

Estar vivo é o maior de todos
os milagres; inspirando,
você realiza esse milagre.

– THICH NHAT HANH

capítulo dois

CONTAGEM DAS DEZ RESPIRAÇÕES

Dez respirações é uma prática "do organismo todo" por meio da qual integramos o nosso corpo e a nossa mente de uma maneira atenta, podendo assim estar realmente presentes para a vida. Normalmente, a nossa mente pensante está em um lugar e nosso corpo está em outro. Por exemplo, se o seu companheiro lhe dá um ramalhete de flores e ao pegá-lo você está pensando em algo que aconteceu mais cedo no trabalho, você não está inteiramente presente na experiência e não consegue desfrutá-la plenamente. O corpo e a mente estão desconectados.

Na prática da meditação, uma forma de reintegrar mente e corpo, já comprovada pelo tempo, é concentrar a mente na respiração. A respiração é a energia do corpo em fluxo, em movimento. Se conseguimos concentrar a atenção na realidade simples da inspiração e da expiração por um período de tempo, o corpo e a mente se conectam, nós nos acalmamos naturalmente e nos sentimos mais presentes.

Na prática das Dez Respirações, a respiração é a ponte que une corpo e mente. Ao ajudar outras pessoas a praticar as Dez Respirações, descobri que é proveitoso dividir o processo em duas partes: contar com o corpo e centrar-se no corpo. Vamos aprender e praticar esses dois componentes em separado, inicialmente, para depois combiná-los. Neste capítulo, abordaremos a contagem; no próximo capítulo, trataremos do centramento, e no seguinte, praticaremos os dois juntos.

Contando as Dez Respirações com o Corpo

Contar até dez é uma prática de meditação já consolidada para desenvolver a focalização e a concentração. Na prática das Dez Respirações, o objetivo da contagem até dez é manter a atenção focalizada no objeto de nossa escolha o tempo suficiente para formar e aprofundar uma via neural. Desse modo, na próxima vez que virmos esse objeto, a nossa felicidade estará mais acessível e chegará mais rapidamente.

Uma maneira de fazer a contagem das dez respirações é com os dedos. O corpo conta, liberando a mente da necessidade de repetir os números e manter a sequência. O corpo aprende a contar bem rapidamente.

VAMOS TENTAR FAZER ISSO AGORA:

1 Sente-se e coloque a mão dominante sobre o abdômen com os dedos ligeiramente afastados. (A mão pode ficar sobre a roupa ou sobre a pele.)

2 Para relaxar e limpar a mente, feche os olhos e faça três respirações profundas. Uma "respiração" é constituída de uma inspiração e uma expiração. Observe o movimento do abdômen e como a mão sobe e desce.

3 Quando você se sentir calmo e relaxado, comece a contar as respirações. Com a primeira inspiração, pressione suavemente o polegar sobre o abdômen e solte-o, marcando "um". Mantenha a atenção na respiração, e ao começar a inspiração seguinte, pressione suavemente o dedo indicador sobre o abdômen e solte, marcando "dois". Continue contando com os demais dedos até chegar a "cinco".

4 Para contar "seis", volte ao polegar e continue contando com os dedos até chegar a "dez". Se a sua atenção divagar, recomece com "um". Por fim, você chegará a um ponto em que a contagem será um sinal quase imperceptível na tela da sua mente.

Contamos com apenas uma das mãos porque com a outra podemos segurar o objeto com que queremos fazer contato, sem interromper a contagem. O objetivo é estar totalmente presente e contar com o corpo durante o tempo necessário para respirar dez vezes.

Se você estiver num lugar público e quiser contar as dez respirações, talvez se sinta constrangido em colocar a mão sobre o abdômen. Nesse caso, ou se for mais conveniente, coloque uma das mãos sobre a outra e conte desse modo, ou conte com os dedos sobre a coxa. Nesse caso, pressione os dedos sobre a outra mão ou sobre a coxa, do mesmo modo como faria sobre o abdômen.

No outono passado, reunimos um grupo para um dia de meditação durante o qual ensinei as Dez Respirações. Começamos dentro de casa, onde praticamos a contagem das Dez Respirações com os dedos de uma das mãos tocando levemente o corpo. No passo seguinte, tomamos a mão passiva como foco de outras Dez Respirações; cada um de nós contou até dez usando os dedos de uma das mãos, mantendo a atenção na presença da outra mão. Por fim, fizemos Dez Respirações ao ar livre, diante de alguma coisa que nos chamasse a atenção. Uma mulher foi atraída por uma folha especialmente colorida de uma árvore. Com as Dez Respirações, ela examinou as veias da folha, que a lembraram das linhas na palma da sua mão. Ela se deu conta de que as folhas da árvore e as mãos do seu corpo se assemelhavam, e subitamente a árvore se tornou para ela essa criatura maravilhosa com todas as suas mãos admiráveis e fascinantes acenando.

Entregando-me à expiração
e acolhendo a inspiração
torno-me naturalmente pleno.

– KEIZAN ZENJI,
JAPÃO, SÉCULO XIV

capítulo três

CENTRAMENTO NO CORPO

Neste capítulo, colocaremos a atenção nas sensações causadas pela expiração. Na minha experiência, a expiração produz sensações físicas muito agradáveis, por causa do relaxamento e da liberação de tensões. Nessas ocasiões, temos uma sensação de "centramento", de estar totalmente presentes em nosso corpo. Atletas e artistas centram-se ao preparar-se para um espetáculo. Podemos centrar-nos no corpo ao preparar-nos para participar do espetáculo da vida.

Ao expirar, podemos perceber uma leve sensação sibilante no abdômen acompanhando a liberação da tensão. Eu sinto isso como uma onda de relaxamento que se desloca do peito para a barriga. Às vezes imagino-me no alto de um escorregador, com o peito cheio de ar. Quando a expiração inicia, eu deslizo pelo escorregador como se não existisse mais nada no mundo.

Praticamos a "entrega à expiração" com o mesmo espírito com que nos entregamos – ou abandonamos – à alegria. Ao término da expiração, podemos ter a sensação de um momento prazeroso de tranquilidade antes do início da inspiração seguinte.

VAMOS TENTAR FAZER ISSO AGORA:

1 Sente-se, feche os olhos e faça três respirações profundas para relaxar e limpar a mente.

2 Apenas observe sua inspiração normal, calma, preenchendo-o naturalmente. Relaxe comple-

tamente o corpo e a mente ao deixar a expiração fluir sem tensões.

3 Repita esse exercício várias vezes, "abandonando-se" à expiração, relaxando totalmente nas sensações despertadas pela saída do ar.

4 Continue respirando assim. Ao expirar, mantenha a atenção no abdômen e sinta a sensação de relaxamento e tranquilidade.

5 A cada expiração mergulhe mais e mais profundamente nessa sensação de relaxamento do corpo. Aquiete-se mais e mais profundamente no seu corpo.

Quando respiramos dessa forma, logo ficamos mais relaxados e abertos, mais presentes em nosso corpo. Um amigo meu, muito querido, gosta especialmente dessa prática de "entrega à expiração" porque sente que cada vez que exala o ar, mais consegue purificar a mente.

No outono passado, ele e eu fizemos nossa caminhada predileta em Castle Rock Park, perto do Monte Diablo, na Califórnia. Nessa região, os penhascos de arenito se elevam várias centenas de metros para formar montanhas semelhantes a torres que se projetam para o céu. Gostamos de ir para lá ao cair da tarde, comer alguma coisa ao longo da trilha e voltar à noite ouvindo os grilos. Nessa ocasião, enquanto caminhávamos com as lanternas ainda apagadas, apenas à luz tênue do ambiente, a Lua cheia elevou-se em todo o seu esplendor acima das montanhas. Depois de uma curva, a floresta de carvalhos formava um caramanchão sobre a estrada, esboçando nela figuras com as sombras do luar. Meu amigo parou e disse com um sorriso, "Este não é um momento para as Dez Respirações?"

Claro que era. Paramos e respiramos em silêncio, abandonando-nos à luz do luar, às sombras e à amizade.

Mantenha a atenção nas emoções e nas sensações do corpo, porque elas são a essência da memória implícita. Deixe que a experiência preencha o seu corpo e seja o mais intensa possível.

– RICK HANSON

capítulo quatro

ASSOCIANDO CONTAGEM E CENTRAMENTO

Agora estamos prontos para juntar os elementos da contagem das dez respirações e do centramento e relaxamento. Essa associação cria uma sinergia nova que é muito maior do que a soma das partes. Quando a prática é bem-sucedida, ela ajuda a remover as barreiras inconscientes que seguidamente nos separam das outras pessoas e do resto do mundo e que nos impedem de estar plenamente presentes para desfrutar a vida.

No início, pode parecer complicado aprender a combinar a contagem e o centramento da prática das Dez Respirações. Lembro-me que no tempo de criança eu me esforçava para aprender a andar de bicicleta. Era preciso pedalar, guiar e frear, e eu simplesmente não conseguia fazer tudo isso ao mesmo tempo. Meu método de parar era ir direto até a caixa do correio, agarrar-me a ela e deixar a bicicleta cair. Por fim, com a prática, acabei me dando bem (e tenho certeza de que a caixa do correio também gostou disso). Aprender as Dez Respirações sempre requer um pouco de manha como essa. Se sentir dificuldade no início, pratique várias vezes durante o dia em casa, sentando com os olhos fechados. Com esse exercício, a técnica logo se tornará mais natural.

VAMOS TENTAR FAZER ISSO AGORA:

1 Sente-se, feche os olhos, e coloque a mão sobre o abdômen, como fez anteriormente.

2 Faça três respirações profundas para relaxar e limpar a mente.
3 Comece a contar. Pressione e solte o polegar sobre o abdômen para marcar a primeira inalação, e ao expirar preste atenção à sensação de relaxamento no corpo.
4 Continue respirando e contando, marcando cada respiração com os dedos e ficando atento às sensações de relaxamento ao expirar. A cada expiração, relaxe e abra-se mais profundamente.
5 Continue contando com os dedos e entregue-se à expiração até completar as dez respirações.

Depois de praticar as Dez Respirações durante várias semanas, consegui associar naturalmente os dois elementos, mantendo ao mesmo tempo o foco em alguma coisa que prendesse minha atenção. Esse modo de ser se tornou agora minha base para ir ao encontro do mundo.

Recentemente, eu voltava do centro de Berkeley para casa depois de brindar-me com um sorvete de noz-pecã e amêndoa. O Sol brilhava e o mundo parecia imensamente bom. Ao passar pela escola, olhei para a esquina e vi a enorme sequoia na frente da prefeitura. Essa árvore é a mais entroncada – e a mais alta – da cidade.

Resolvi dedicar as Dez Respirações a esse momento. Fui até a beira da calçada. Parado, fechei os olhos e respirei algumas vezes. Em seguida abri os olhos, coloquei a mão direita na barriga e comecei a contar com a ponta dos dedos.

Na terceira ou quarta respiração eu já sentia ondas de relaxamento descendo do peito para o abdômen. Continuei contando. Na oitava respiração, uma sensação ardente invadiu meu peito e irradiou-se para o rosto; um sorriso imenso se formou em meu semblante. Senti que uma barreira em mim se dissolveu e a árvore adquiriu vida. Sussurrei, "Ó criatura magnífica!" Sim, ali estava ela, a majestosa matriarca, em toda sua glória, com seus 50 metros de altura. Ali estava ela, tão alta e bela no sol quente de outubro, seus muitos braços estendidos e cada uma de suas pontas voltadas para o céu.

Continuei meu caminho saltitando e com o coração planando nas alturas.

Descobre-se que o mundo, embora
feito, ainda está em construção;
que essa ainda é a manhã da criação.

— JOHN MUIR

capítulo cinco

CONTATO COM AS MARAVILHAS DA VIDA

Aprendemos os fundamentos da prática das Dez Respirações. Agora podemos ir para o mundo e aplicá-la para entrar em contato com as maravilhas da vida.

No mundo clássico, as pessoas falavam de quatro elementos que compunham o todo da criação: Ar, Terra, Fogo e Água. Por isso, antes de deixá-lo livre para entrar em contato com o que chama sua atenção neste mundo, quero que você tenha um encontro comigo. Quero lhe mostrar algo incrível. Nesse encontro, podemos usar as Dez Respirações. Alguns minutos serão suficientes.

Venha para fora. Vamos para a luz do Sol. Vamos ao encontro do fogo.

Ao encontrar a luz do Sol, sente-se, feche os olhos e relaxe. Posicione a cabeça de modo que o rosto receba a luz solar. Sinta o calor na face e nas mãos. (Se o sol ainda for muito forte, cubra os olhos com a mão.) Mantenha essa posição com os olhos fechados e então encontre o sol com as Dez Respirações:

- Coloque a mão no abdômen e centre-se.
- Faça uma respiração e comece a contar com "um".
- Relaxe o corpo enquanto expira.
- Continue contando até dez, com total consciência de seus sentimentos e sensações físicas.

Em seguida, abra os olhos. Olhe para suas mãos, olhe para a vida ao seu redor, olhe para o brilho do Sol. Essa luz, esse calor, esse fogo é a energia do Sol.

Ele alimenta a vida na Terra. É a energia que move sua contagem, sua respiração, seu pensamento e seus projetos. É a energia de todas as pessoas que você considera mais queridas.

As plantas captam a energia do Sol e a combinam com ar, água e terra para formar seus galhos, folhas, frutos e raízes. A fibra dos corpos vegetais é a base do alimento que sustenta a você e a mim, e quase toda a vida sobre a Terra. Agora trace uma linha do Sol através das árvores até seu corpo: esse é o circuito essencial que move a sua vida. Somos todos criaturas do Sol. Ele é o nosso segundo coração pulsando no céu.

Chegou o momento de ir para o mundo. Quando alguma coisa tocar seu coração, pare e vá ao encontro dela com as Dez Respirações. As Dez Respirações são uma prática de concentração que consiste em parar e desfrutar o que é bom na vida. Não se contenha, por favor. Aplique-a para qualquer coisa que o atrair: afagar seu cachorro, comer chocolate, apreciar um pôr do sol, sentimentos de amizade, flores, árvores e as estrelas. Quando algo maravilhoso prender sua atenção, deixe que a felicidade permeie todo o seu ser.

O tempo voa como uma flecha;
se não vivemos intensamente,
desperdiçamos a vida.

– GUISHAN LINGYOU,
CHINA, SÉCULO IX

capítulo seis

APROFUNDANDO NOSSOS VÍNCULOS HUMANOS

Podemos adotar a prática das Dez Respirações para avivar e aprofundar os nossos bons sentimentos para com as pessoas. Com isso, aprimoramos nossos relacionamentos e os tornamos mais harmoniosos. Em vez de dirigir a atenção para o "que é belo neste mundo", nós a fixamos nas emoções positivas que surgem em nós quando entramos em contato com outras pessoas.

Aplicamos exatamente a mesma técnica, ou seja, paramos, contamos, respiramos e assumimos uma atitude receptiva. Você pode aproveitar qualquer momento em que esteja se sentindo bem com relação a alguém. Simplesmente pare e ofereça as Dez Respirações a esse sentimento.

Se uma pessoa lhe faz uma gentileza, você pode parar e retribuir com as Dez Respirações. Ao pensar em alguém, se um sentimento amoroso brotar em você, ofereça-lhe as Dez Respirações. Ou ainda, estando na companhia de uma pessoa próxima e que também conheça a prática, vocês podem fazer as Dez Respirações juntos. Talvez você precise ser criativo para imaginar uma forma discreta de parar e realizar esse ritual na presença de terceiros. O fluxo da interação humana tende a ser muito rápido. Às vezes é difícil apertar o botão de pausa.

Há pouco tempo, recebi um *e-mail* muito amável de uma amiga querida em resposta a uma dificuldade pessoal que eu confidenciara a ela. Ao ler a mensagem, eu me senti muito amado e compreendido. Senti como é bom ser amigo de alguém que se preocupa conosco. Também constatei que havia mais 25 *e-mails* na caixa de entrada esperando uma resposta.

Antes de abrir o *e-mail* seguinte, resolvi parar e praticar as Dez Respirações para realmente absorver os bons sentimentos despertados com a leitura da mensagem da minha amiga. Sentado diante do monitor, fechei os olhos, pus a mão sobre o abdômen e comecei a respirar, acolhendo esse sentimento dentro de mim. Percebi o sentimento tornando-se mais forte e em seguida abrandar. Enquanto respirava, uma voz delicada dentro de mim sussurrou, "Sim, isso é bom, você realmente tem esse sentimento. É maravilhoso. Você é de fato amado e sente que isso é bom". Foi fantástico viver intensamente a manifestação desse sentimento. Abri então os olhos e retomei a leitura do restante da correspondência eletrônica.

Em outra ocasião, eu conversava com uma amiga ao telefone. Ela estava entusiasmada com uma bela história de reconciliação familiar. A mãe dela, com toda a família, vivera em conflito e evitara qualquer contato com uma irmã durante cinquenta anos. Depois de todo esse tempo, minha amiga havia finalmente reunido coragem para reconciliar-se com a tia, e as duas concordaram em se encontrar num restaurante.

Minha amiga e o irmão viveram num orfanato quando pequenos porque a mãe tinha problemas mentais e o pai estava preso. Durante a conversa no restaurante, a história verdadeira veio à tona. A tia contou que naquela época, embora a irmã e o cunhado lhe tivessem pedido que ela cuidasse dos sobrinhos, e não obstante ela querer assumir esse compromisso, estava impossibilitada de fazê-lo por falta de condições. Havia sofrido muito para tomar a decisão, mas realmente tivera de dar uma resposta negativa. Ela tinha seus próprios sonhos. Sentia-se culpada por ter deixado a família nessa situação difícil. Evitara os parentes durante todos esses anos devido à enorme vergonha que sentia. Enquanto contava essa história, as lágrimas corriam-lhe pelo rosto. No fim, elas se abraçaram e reataram seus laços afetivos. Fora dado o primeiro passo para superar inteiramente esse enorme desencontro.

Ao telefone, minha amiga não conteve suas emoções e eu também fiquei muito tocado. Aproveitando a ocasião, eu disse, "Vamos homenagear este momento com as Dez Respirações". E assim fizemos, dando aos sentimentos oportunidade para se acalmarem. Estávamos fortalecendo as vias neurais de uma nova felicidade.

Em outra ocasião, minha esposa e eu estávamos jantando. Casados há quarenta anos, os filhos já adultos, quase sempre somos os únicos em casa. Estávamos, pois, sentados à mesa, diante de pratos saborosos e um bate-papo agradável; eu me sentia muito animado e afetuoso. Dei-me conta do quanto eu apreciava a minha esposa. Eu não disse nada; não fechei os olhos nem coloquei a mão na barriga. Apenas comecei a fazer as Dez Respirações, olhando para ela e admirando sua delicadeza enquanto comia. Pela quinta respiração, ela me olhou e perguntou, "Alguma coisa errada? Você ficou tão quieto".

"Não", respondi, "estava apenas admirando você. Estava fazendo as Dez Respirações". Ela soltou o garfo. Eu podia ver que ficara tocada. Recostando--se na cadeira, um pouco corada, ela disse, "Lindo, muito lindo".

Os que se sentem isolados precisam
aprender a praticar para unir-se
novamente à fonte da vida que os
trouxe até aqui. Isso por si só
pode levá-los à essência da vida
e a remover todo e qualquer medo.

– THICH NHAT HANH

capítulo sete

CONTATO COM A TERRA E COM NOSSAS FONTES DE VIDA

Na sua essência, a técnica das Dez Respirações é um exercício de concentração que você pode aplicar a qualquer prática ou situação. Você pode inclusive usá-la para desfrutar em profundidade bons momentos vividos recentemente ou que ocorreram num passado distante.

Uma das minhas práticas preferidas no Centro de Meditação Plum Village é a dos Três Toques da

Terra, ou das Três Reverências.* Essa prática tem por finalidade relacionar-nos com nossos ancestrais e com nossos descendentes, com a Terra e todos os seres, e com as muitas fontes de vida que tornaram nossa vida possível e que nos sustentam. Podemos parar e fixar a atenção totalmente em nossos ancestrais. Podemos levar a atenção a todas as espécies que convivem conosco no mundo. Quando estamos profundamente conscientes dos nossos muitos vínculos, podemos nos libertar de muitos medos que nos tolhem, inclusive do medo da morte.

Ao descrever como muitas vezes nos sentimos solitários e isolados, Thich Nhat Hanh recorre à imagem de uma flor:

> Todos somos flores, e podemos murchar várias vezes por semana, ou todos os dias, apenas porque não cuidamos de nós mesmos. Se você

---

* Ver Thich Nhat Hanh, *Teaching on Love*, (Berkeley, CA: Parallax Press, 2007), Capítulo 14.

colhe uma flor e a deixa sobre a mesa por algumas horas, verá que ela não consegue continuar como flor, porque foi separada do caule, da terra, da fonte da vida. Podemos descrever isso como o fenômeno da alienação.

Nos Três Toques da Terra, nós nos unimos com nossos ancestrais e com nossos descendentes, com todos os seres e com o universo. O exercício é normalmente feito com o rosto voltado para a terra, para o chão, mas pode ser feito em qualquer posição ou situação. Vejamos três expressões:

1 Eu me uno a todos os ancestrais e descendentes do meu sangue, espirituais e terrenos.
2 Eu me uno a todas as pessoas e a todas as espécies que convivem comigo neste momento neste mundo.
3 Eu rejeito a ideia de que sou este corpo e de que a minha existência é limitada.

Quando fazemos esta prática em grupo, um dos participantes lê essas afirmações uma a uma, espaçadamente, enquanto os demais ficam deitados com o rosto para baixo e com a cabeça, os antebraços e o queixo tocando o chão. Deixamos passar naturalmente imagens ou sentimentos que possam surgir. Também podemos praticar as Dez Respirações para escolher uma imagem e aprofundar nosso vínculo com ela, o que é muito saudável e curativo.

Recentemente, realizamos essa prática em nossa comunidade de meditação local (Sangha) que se reúne semanalmente. Primeiro fechamos os olhos e nos preparamos com um ciclo de Dez Respirações para contagem e logo um segundo ciclo para centramento. Em seguida, durante a leitura do primeiro Toque da Terra – para entrar em contato com ancestrais e descendentes –, cada um procurou trazer à lembrança um ancestral ou descendente. Ao surgir uma imagem forte, fazíamos as Dez Respirações para aprofundar o contato.

Em seguida nos reunimos em círculo para troca de experiências. Um homem lembrou-se vividamente de uma ocasião especial em que sua mãe lhe dissera que o amava. Ele comentou como as Dez Respirações o ajudaram a se sentir mais seguro no amor de sua mãe. Outra pessoa expressou uma profunda gratidão pelo contato com um avô de quem não se lembrava havia mais de vinte anos.

Outra mulher descreveu sua ligação com um gato muito querido que morrera alguns anos antes. Ela relatou que sentiu muita tristeza com essa lembrança e que se deu conta de que não processara totalmente seus sentimentos com relação à morte do gato. Estava agradecida pela oportunidade desse reencontro. Segundo ela, o que mais a deixava feliz quando o gato vivia é que podia ser totalmente ela mesma na companhia dele, e "que belo presente isso representava". E acrescentou, "Quem sabe algum dia eu possa ser totalmente eu mesma na presença do meu irmão e dos outros familiares. Isso ainda não é possível, mas o contato com meu gato me deu a esperança de que isso possa vir a acontecer, pelo que sou muito grata".

Na reunião seguinte, praticamos o segundo Toque da Terra – a conexão com todas as espécies que vivem conosco neste momento. Como foco, cada um de nós segurou uma semente de castanheira em uma das mãos. A semente da castanheira da Califórnia tem o tamanho de uma tangerina e basta uma para encher a mão. Essas sementes são de fato muito belas: acastanhadas, lisas e brilhantes, de um colorido marmóreo exuberante. Naquele entardecer, unimo-nos às nossas sementes de castanheira com três ciclos de Dez Respirações, gradativamente mais profundos.

No momento dos depoimentos, uma pessoa comentou muito satisfeita, embora um tanto embaraçada, que havia começado a ter sentimentos de afeição por sua semente. Várias pessoas concordaram com ela com movimentos da cabeça. Continuamos os depoimentos seguindo a ordem do círculo, até chegar a outra mulher que casualmente estava com seu companheiro. À medida que falava, ela foi se animando, e com uma piscadela marota concluiu dizendo, "Eu não só amo meu castanheiro; eu quero casar com ele!"

Entretanto, de certo modo, não
vemos uma flor, realmente. Ela é
muito pequena. Não temos tempo.
Ver leva tempo, assim como
leva tempo fazer um amigo.

– GEORGIA O'KEEFE

capítulo oito

SURGIMENTO DE OBSTÁCULOS

Acredito que todos sejamos iguais no desejo de ser felizes. Mas quando começamos a sentir a felicidade de modo um pouco mais objetivo, podemos também despertar decepções e dificuldades do passado. Nossos sentimentos mais profundos, tanto positivos como negativos, tendem a se misturar, e ao mexer com um, podemos atiçar outros. Também esses obstáculos fazem parte de nós, codificados em nossas redes neurais, de modo que é natural que surjam. Por isso, é preciso certa coragem para *perseguir* verdadeiramente a felicidade. Em minha experiência, se queremos ser mais felizes e viver mais intensamente, precisamos aprender a lidar com nossos obstáculos.

Descobri três estratégias eficazes para lidar com os obstáculos à felicidade:

1 Alimentar a nossa felicidade praticando regularmente.
2 Identificar os obstáculos mais profundos e suas causas.
3 Remover esses obstáculos aproveitando sua energia.

Alimentar a Nossa Felicidade Praticando Regularmente

A repetição é a chave para formar novos hábitos. Realizando a prática das Dez Respirações repetidamente, você fortalecerá e aprofundará novas vias neurais. A cada tentativa bem-sucedida, a sua confiança aumentará e a prática se tornará mais natural.

Na minha tradição do Budismo Plum Village, nome inspirado no mosteiro francês fundado pelo mestre zen Thich Nhat Hanh, 21 dias é uma medida de tempo suficiente para formar um novo hábito. Sugiro que você se fixe no objetivo de realizar Dez Respirações pelo menos uma vez ao dia durante 21 dias. Esse objetivo pode servir-lhe de motivação. Reserve alguns minutos todos os dias para fazer uma parada e praticar as Dez Respirações. É proveitoso manter um registro escrito. Registre a data e o objeto de atenção de cada prática das Dez Respirações e anote possíveis obstáculos com que se deparar.

Quando comecei a praticar as Dez Respirações, frequentemente sentia uma onda de ansiedade envolver-me na terceira ou quarta respiração. Eu sentia uma pressão assustadora, agitada, na região do coração e dos pulmões. Na sexta respiração, às vezes eu chorava por uma ou duas respirações. Descobri que se apenas continuasse contando, eu chegaria a dez sentindo-me ótimo. Essa é uma lição importante sobre perseverança. Aos poucos, esses surtos desapareceram por completo.

Temos muita inércia a vencer, e somos naturalmente programados para ter cautela com relação à mudança. O psicoterapeuta Harville Hendrix escreve, "A única maneira de diminuir essa resistência automática é repetir um novo comportamento com frequência suficiente para que comece a se tornar familiar e, portanto, seguro".*

Uma maneira de nos sentirmos seguros em nosso corpo é fazer antes um Relaxamento Profundo. Esse relaxamento consiste em mover delicadamente a atenção para cada parte do corpo e liberar a tensão detectada. Trata-se de uma forma muito eficaz de acalmar e apaziguar o corpo e a mente. A técnica do Relaxamento Profundo é descrita em detalhe no Apêndice 1.

---

* Harville Hendrix, *Getting the Love You Want*, ed. rev. (Nova York, NY: Henry Holt & Co., 1ª ed., 1998, rev. ed., 2001).

Outro modo de sustentar a sua prática da felicidade é o apoio de um grupo. Participando de uma comunidade de meditação, você se beneficia da energia coletiva da prática, divide experiências, e recebe e transmite estímulo.

Lembre-se, estamos nos reprogramando. Isso leva tempo. A dedicação é uma virtude e a mudança não acontecerá de repente. Continue praticando, mesmo se você se sentir ansioso no início. Procure fazer as Dez Respirações até que essa prática se torne um belo hábito.

Identificar os Obstáculos Mais Profundos e suas Causas

Os obstáculos à felicidade assumem as mais variadas formas. Com a prática, podemos aprender a identificá-los e a descobrir também os fatos da nossa vida que constituem suas causas.

Uma das minhas primeiras lembranças é de estar no centro de Walnut Creek, Califórnia, onde cresci.

Eu tinha uns 4 anos e havia chovido naquela manhã. Eu estava na calçada, segurando a mão da minha mãe, quando vi, maravilhado, o reflexo das árvores e edifícios de cabeça para baixo nas poças d'água. No meu entusiasmo, gritei, "Mamãe, eles estão de cabeça para baixo, veja!"

Ela respondeu puxando meu braço e dizendo, "Ora, vamos. Não temos tempo para esse tipo de tolice". Lembro que seu tom de voz era muito zangado, e me assustou. Isso deve ter produzido uma impressão muito forte em mim, porque durante muito tempo da minha vida carreguei esse medo profundo de que um momento prazeroso é uma "tolice" e não temos tempo para ele. Esse era um dos *meus* obstáculos.

Relaciono a seguir alguns obstáculos comuns à felicidade que observei em outras pessoas e em mim mesmo:

- *Podemos ter dificuldade para parar.* Nossa vida diária é muito corrida; pode ser difícil parar.

- *Podemos precisar de alguém ao nosso lado com quem desfrutar o momento.* Acreditamos que a presença de outra pessoa pode nos ajudar a abrir espaço para nossos sentimentos e aprová-los.
- *Podemos nos sentir um tanto entorpecidos.* Podemos ter dificuldade para entrar em contato com nossos sentimentos.
- *Podemos nos sentir desmerecedores ou mesmo culpados.* Como podemos ser felizes quando há tanto sofrimento no mundo, ou quando pensamos que podemos ter causado sofrimento a outras pessoas?
- *Podemos nos sentir inibidos por sentimentos fortes.* Sentimentos intensos de felicidade podem ser assustadores e levar-nos a pensar que perdemos o controle.
- *Podemos acreditar que é perigoso ser feliz.* Podemos ter sido humilhados ou punidos por sermos felizes. Podemos achar que se relaxamos a vi-

gilância e nos alegramos, coisas ruins podem acontecer.

Todos esses obstáculos e sentimentos são reais. Eles são a energia das nossas velhas vias neurais – hábitos e mensagens formados na vida real. Muito boas razões justificam seu poder. Na sua origem primordial, eles têm por base o medo e por tarefa a nossa proteção. Mas quase sempre exageram. Quando aprendemos a identificar nossos obstáculos com mais clareza e a entender suas causas, eles começam a perder seu poder.

O nosso desejo de felicidade também é intenso. Se conseguimos desenvolver essa energia obtendo sucessos na prática, construímos uma base mais sólida, podendo então abordar os nossos medos a partir dela. Numa perspectiva mais ampla, podemos observar um contínuo avançar e recuar à medida que desenvolvemos nossa capacidade de viver mais felizes e de enfrentar nossos obstáculos. Aos poucos a nossa capacidade de ser felizes aumentará.

Há muita coisa envolvida em nosso esforço de aprender a vencer o medo. Harville Hendrix explica isso deste modo: "Quando se trata das nossas emoções reprimidas, nós nos encolhemos de medo. Tememos que aquilo que está dentro de nós seja negro, feio e devastador. Mas a partir do momento em que reunimos coragem para lutar contra esse medo, aprendemos um fato surpreendente: o que se esconde dentro de nós é a nossa própria energia vital bloqueada. Essa energia é amor, é luz, é a essência de Deus".*

* Ibid.

Muitos clientes meus que interrompem a terapia prematuramente assim procedem não porque sejam incapazes de fazer mudanças positivas, mas porque não conseguem conviver com a ansiedade que as mudanças positivas podem provocar.

– HARVILLE HENDRIX

capítulo nove

REMOÇÃO DOS OBSTÁCULOS

Alguns obstáculos para a felicidade podem se mostrar profundamente arraigados e resistentes. Neste caso, usamos a prática das Dez Respirações para transformá-los por meio de uma abordagem direta. Fazemos isso ignorando a mente pensante e entrando em contato com a verdade do corpo.

À medida que a nossa experiência da felicidade se aprofunda, ansiedades e medos podem vir à tona. A mudança pode provocar ansiedade. Essa ansiedade tem suas origens no fato de nos contrapor aos nossos padrões estabelecidos. O organismo irrita-se e no fundo teme as consequências, talvez até mesmo a morte.

Descobri que a busca resoluta da felicidade com as Dez Respirações inevitavelmente nos põe diante dos nossos sofrimentos mais profundos. Mas apoiados firmemente sobre a felicidade verdadeira, teremos a estabilidade – e as ferramentas da prática – necessárias para transformar esses sentimentos e nos livrar deles. Na verdade, é uma grande felicidade livrar-nos do sofrimento.

Às vezes projetamos obstáculos nas pessoas ou nas situações. Criamos histórias sobre elas. Para chegar às raízes de nossos obstáculos precisamos entrar em nós mesmos e tomar consciência das sensações do corpo. Quando esses obstáculos recebem a energia da nossa respiração, eles começam a soltar a tensão e, com ela, seu poder. Podemos chamar esse processo de Remoção do Objeto,* um fator de cura poderoso.

VAMOS TENTAR FAZER ISSO AGORA:

1 Sente-se, feche os olhos e coloque a mão sobre o abdômen.
2 Respire profundamente várias vezes para aquietar e limpar a mente.
3 Evoque alguma coisa incômoda, penosa; pode ser um problema, uma pessoa ou uma situação. Esse é o objeto. Em seguida comece a contar e a relaxar em suas sensações físicas.
4 Continue respirando e contando, e ao mesmo tempo deixe desanuviar-se todo pensamento relacionado com o objeto. Seja totalmente

---

* A prática da Remoção do Objeto também é muito eficaz para transformar sofrimentos e traumas profundos. É uma prática adaptada dos ensinamentos do mestre zen chinês Linji, que viveu no século IX. Ver Apêndice 2 para uma apresentação mais detalhada.

receptivo aos sentimentos e sensações em seu corpo, especialmente nas regiões que concentram maior energia, tensão ou carga negativa.

5 Na inspiração, envie o ar para essas áreas de tensão; na expiração, solte a tensão do corpo e dos sentimentos.

6 Continue com esse processo de liberação da tensão. Talvez você precise fazer vários ciclos de Dez Respirações. Persista até sentir-se mais sereno.

Nós raramente nos aborrecemos pelo motivo que imaginamos. Lembro-me de certa ocasião em que me sentia muito ansioso para rever um amigo que anos antes havia cortado todo contato comigo de modo inesperado e doloroso. Eu estava em casa sozinho, sentado num sofá no andar superior; o dia estava quente e abafado, e eu não sabia por que, mas imaginei como seria maravilhoso se pudéssemos sentar juntos às margens de um riacho murmurante e simplesmente partilhar todas as delícias da natureza que veríamos no local. Mas isso era impossível naquele momento, e comecei a me sentir muito mal. Eu não conseguia me livrar dessa sensação desagradável, e então resolvi fazer o exercício da Remoção do Objeto.

Fechei os olhos, coloquei a mão sobre o abdômen e comecei a relaxar com a respiração. Entreguei-me às sensações do corpo, que logo começou a tremer. O medo se apossou de mim, e eu disse para mim mesmo, "Não, não consigo fazer isso. É muito difícil e assustador". Tive uma sensação intensa, desesperada, de ainda ser incapaz de entrar em contato com alguma aspiração essencial, nuclear, em mim mesmo; de que ainda me faltava algum aspecto vitalmente essencial da vida. Durante alguns minutos, apenas continuei sentado, respirando. Senti que estava tremendo e não tentei parar. Com práticas de meditação anteriores, aprendi que essas antigas emoções estão profundamente entranhadas no corpo e pode ser muito salutar deixar que o corpo libere a energia que esteve retendo.

Aos poucos, a tempestade dentro de mim começou a amainar e eu me acalmei. Então, outra energia começou a se manifestar, e fui tomado por um desejo incontrolável de ir ao encontro da natureza, abraçar pedras e árvores e sentir a pulsação da vida. Perguntei a mim mesmo, "O que posso fazer neste momento?" Olhei para minha mão; examinando-a mais de perto, dei-me conta de que ela também era parte da natureza. A natureza estava exatamente ali. As rugas das minhas impressões digitais faziam parte da natureza tanto quanto os sulcos da casca de um carvalho. "Eu *sou* natureza", intuí. "Não preciso ir a lugar nenhum." Todos os pensamentos sobre o meu amigo perdido haviam se dissipado completamente – o objeto fora removido. Examinando mais a fundo, posso ver que eu estava me deparando com sementes de meus medos antigos, semeadas pelas repreensões de minha mãe. Raras vezes nos aborrecemos pelo motivo que imaginamos.

Ocasionalmente talvez nos surpreendamos com as fortes emoções que podem emergir quando realizamos este exercício. Mas ficando com as sensações físicas e acompanhando-as, conseguimos soltar e abrandar as dificuldades.

Às vezes, nossos sentimentos podem parecer insuportáveis. Quando isso acontece, podemos usar uma técnica chamada Entrar em Contato e Manter. Primeiro, entramos em contato com a energia presente no corpo com as Dez Respirações; depois mantemos esse contato abrindo os olhos e voltando a atenção para algo agradável no mundo exterior durante algum tempo. Quando nos sentimos mais estáveis, fechamos os olhos e nos interiorizamos novamente, entrando mais uma vez em sintonia com a energia do corpo com as Dez Respirações. Podemos entrar em contato e manter, manter e entrar em contato, repetidamente, deixando a energia transformar-se aos poucos.

Alguns meses após a experiência da descoberta de que minha mão era parte da natureza, participei de um retiro num pequeno centro de meditação. Começamos fazendo vários ciclos de Dez Respirações no salão de meditação, primeiro com a contagem, depois com o centramento. Como era um belo dia de primavera e estávamos no campo, fomos orientados a sair e nos aproximar de algo que nos chamasse a atenção. Deveríamos então parar e oferecer as Dez Respirações a esse objeto da nossa atenção.

Senti-me atraído a sentar numa saliência de rocha que dava para um riacho, um local onde havia árvores, pássaros, água, raios do sol e ar fresco. Enquanto inspirava e expirava, estas palavras ocuparam o meu pensamento:

> Reflexos chamando,
> de novo árvores de ponta-cabeça;
> Céu entre galhos, flutuando na água.
> Ora tudo ondulando, ora um passarinho azul;
> Olá, mamãe – tudo é maravilhoso!

Você só precisa deixar o
animal dócil do seu corpo
amar o que ele ama.

– MARY OLIVER

capítulo dez

O HÁBITO DE SER FELIZ

Se você chegou até aqui, espero que tenha parado ao longo do caminho e obtido muito sucesso com esta prática. Espero que você tenha conseguido estabelecer uma relação mais profunda com a sua felicidade e com as belezas da vida. Espero que você tenha se tornado mais receptivo e tenha fortalecido novas vias neurais.

Qualquer que tenha sido sua experiência com a prática das Dez Respirações, é útil lembrar que a essência da prática – estabelecer novos padrões de felicidade e consolidá-los fisiologicamente – assenta-se sobre estes dois pontos fundamentais:

- Manter experiências positivas durante trinta segundos, pelo menos.
- Sentir as experiências positivas *no corpo* o mais intensamente possível.

Consideremos brevemente o efeito cumulativo de muitos contatos positivos. Num curto período de tempo, o efeito é muito bom. Num período de tempo maior, o efeito pode ser profundo. A felicidade se torna um hábito, o modo dominante de sua vida, e não apenas um prazer ocasional. Uma mudança fundamental é possível.

Eu cresci numa família disfuncional, de alcoólicos. Fui vítima de várias formas de abuso e violência física e mental. Não havia ninguém para me proteger. Amar o que eu amava – familiares, amigos, acampamentos, flores, vagens, ou mesmo reflexos numa poça d'água – parecia perigoso e até ameaçador. O amor natural em meu corpo murchou como uma uva seca e deixou um grande buraco.

No meu caminho espiritual, encontrei muitas dificuldades, especialmente o medo. Demorei vários anos para reaprender a entrar em contato com os meus sentimentos mais profundamente. Perseverei porque constatei que me tornava mais feliz. Eu conseguia ver a minha bondade com mais clareza. Eu sentia a vida com mais autenticidade, o que me deu forças para continuar a aprofundar e respeitar o amor que sentia dentro de mim. Em dado momento, percebi que ocorrera uma mudança profunda em mim.

Prestando atenção realmente, percebemos que as oportunidades para sermos felizes se apresentam muitas vezes, talvez centenas de vezes, todos os dias. Descobrimos esse "dócil animal do corpo" dentro de nós. Podemos aprender a reconhecer a voz dessa parte visceral de nós mesmos que percebe continuamente o que ama. Esse dócil animal do corpo sempre nos estimula a abraçar e usufruir este mundo. A questão não é se há oportunidades; a questão é se aproveitamos essas oportunidades.

Como aprendemos a transformar em hábito aquilo que amamos? O que acontecerá se formos bem-sucedidos?

A sua intenção de ser feliz é fundamental. Se você resolver adotar a prática das Dez Respirações para entrar em contato com alguma coisa positiva pelo menos uma vez por dia durante 21 dias, você estará no caminho certo. Novas e saudáveis vias neurais se desenvolverão e fortalecerão, e a prática se tornará mais fácil e mais natural. Com o aumento da sua felicidade, surgirão obstáculos que também precisarão ser enfrentados.

Aos poucos você pode descobrir que criou um novo paradigma: que se tornou uma segunda natureza sua "colocar as mãos no que é belo neste mundo". O fluxo de sua vida se moverá de felicidade para felicidade, e você descobrirá que começa a esperar isso naturalmente. As dificuldades não desaparecerão, mas irão se tornar meros solavancos na estrada. Você aprenderá a confiar no seu amor e a ser ávido por entrar em contato com o mundo e suas muitas maravilhas.

Se você perseverar nesta prática, perceberá que à medida que se sentir mais conectado, também sentirá menos medo. O medo da morte diminuirá, porque uma das raízes mais resistentes desse medo é o temor de perder a vida, de perder essa preciosa e maravilhosa experiência.

A partir do momento em que você começar a entrar em contato habitualmente com a sua felicidade e com as maravilhas da vida, o mundo começará naturalmente a parecer diferente. Você sentirá e saberá visceralmente que faz parte do fluxo da vida. Você descobrirá oportunidades ilimitadas para encontrar beleza e bondade. As dificuldades da vida não desaparecerão, mas deixarão de ser insuperáveis, porque o fundamento da sua felicidade e de suas conexões terá se tornado sólido e seguro.

À medida que o seu medo se dissolver, o seu amor crescerá; à medida que o seu amor crescer, a sua vida florescerá.

apêndice 1

RELAXAMENTO PROFUNDO

Quando estamos inquietos, quando somos dominados por emoções fortes, o corpo se agita e a respiração se torna desordenada. Em situações assim fica difícil praticar as Dez Respirações. Nesse caso, podemos fazer o Relaxamento Profundo.

Este exercício leva de dez a quinze minutos. Para praticá-lo, assuma uma posição confortável, de preferência deitado. Deite-se e respire. Dê ao corpo a oportunidade de apenas ficar ali, sem fazer nada; apenas sinta a presença do seu corpo. Isso é relaxamento total, a prática do amor dirigida ao seu corpo.

Você pode colocar uma ou ambas as mãos sobre o abdômen e sentir o ar entrando e saindo:

Inspirando, tenho consciência de que estou inalando.
Expirando, tenho consciência de que estou exalando.

Comece colocando a atenção em todo o corpo, e em seguida desloque-a para as diferentes partes. Vá do topo da cabeça até a planta dos pés. Percorra cada parte do corpo com um raio de consciência.

Com a ajuda da mente nos damos conta de que determinada parte do corpo está presente, e então lhe enviamos energia amorosa, deixando que relaxe e solte a tensão. Idealmente, dedicamos pelo menos dez respirações completas a cada parte do corpo. A energia amorosa do sorriso pode ser muito útil. Você pode sorrir para cada parte do seu corpo.

Começando no rosto, pratique desta forma:

Inspirando, sorrio para o meu rosto.
Expirando, solto as tensões no meu rosto.

A face contém centenas de músculos, e quando você está irritado ou com medo, esses músculos ficam muito tensos. Com relaxamento, o rosto se transforma totalmente depois de um ciclo de inspiração e expiração.

É frequente os olhos ficarem tensos:

Inspirando, sorrio para os meus olhos.
Expirando, solto a tensão em torno dos meus olhos.

Conscientize-se dos olhos e sorria amorosamente para eles.

Faça a mesma coisa com as orelhas:

Inspirando, sorrio para as minhas orelhas.
Expirando, solto a tensão nas minhas orelhas.

Ao chegar aos ombros, pratique:

Inspirando, sorrio para os meus ombros.
Expirando, solto a tensão nos meus ombros.

Ajude seus ombros a relaxar e perder sua rigidez.

Chegando aos pulmões, abrace-os. Eles trabalham muito, por isso lhes somos agradecidos:

Inspirando, sorrio para os meus pulmões.
Expirando, solto a tensão nos meus pulmões.

Faça o mesmo com o coração:

Inspirando, sorrio para o meu coração.
Expirando, solto a tensão no meu coração.

Continue assim, passando por todo o corpo: braços, mãos, fígado, intestinos, rins, quadris, pernas e pés.

Com a respiração, identifique, abrace, sorria e solte a tensão em cada parte ou órgão do corpo. Dedique algum tempo, talvez dez, quinze ou vinte minutos para esquadrinhar todo o seu corpo lentamente. Sorria para cada parte e ajude-a a liberar a tensão nela acumulada.

Chegando a uma parte que esteja doendo ou preocupando, permaneça mais tempo nela, sorrindo e ajudando-a a soltar as tensões.

Com esta prática, você pode relaxar profundamente e tornar-se receptivo à vida.

apêndice 2

REMOÇÃO DO OBJETO

Raramente nos aborrecemos pelo motivo que imaginamos. Linji, mestre zen chinês do século IX e fundador da linhagem de Plum Village, era conhecido por sua exortação a "remover o objeto". Objeto é a pessoa ou situação sobre a qual estamos pensando, a história em nossa mente. Esta prática nos ajuda a remover esses objetos e voltar ao corpo, onde encontramos os sentimentos e sensações reais que se manifestam como objetos em nossa mente.

Nesta meditação, procuramos evitar o pensamento e nos concentramos na energia do corpo. Seguindo a energia de volta para os sentimentos e sensações do corpo, podemos descobrir as causas da tensão e os nós que estimulam os pensamentos. Podemos acolher essa tensão com amor e carinho, deixar que se desembarace e solte, possibilitando-nos assim a cura.

Modo de fazer a Meditação para Remoção do Objeto:

1 Inalando, encontro a minha inspiração; exalando, encontro a minha expiração.
2 Inalando, trago à mente um assunto (objeto) que me incomoda; exalando, acolho esse objeto.
3 Inalando, deixo de pensar no assunto (objeto); exalando, acolho essa energia (sentimentos e sensações) em meu corpo.
4 Inalando, tomo consciência dos sentimentos e sensações do meu corpo; exalando, acolho e me abro totalmente para o meu corpo e para os sentimentos, com delicadeza e ternura.
5 Inalando, envio a minha inspiração para o corpo e para os sentimentos; exalando, solto a tensão no corpo e nos sentimentos.
6 Inalando, estou consciente da minha inspiração; exalando, estou consciente da minha expiração.

Dedique pelo menos dez respirações a cada um desses passos. Se as tensões continuaram, faça mais respirações. Às vezes, a energia do corpo e dos sentimentos pode parecer insuportável. Outras vezes, pode parecer impenetrável. Nessas situações, podemos usar uma técnica chamada Entrar em Contato e Manter. Nessa meditação, nós "entramos em contato" com a energia dos sentimentos e sensações do corpo respirando durante certo tempo; por exemplo, durante dez ou mais respirações. Em seguida, "mantemos", abrindo os olhos e movendo a atenção para algo agradável ao nosso redor durante outro período de tempo. Esse exercício nos proporciona uma base segura no mundo, se os sentimentos forem muito fortes, e também atenua os nós que estão espalhados pelo corpo. Quando estamos prontos, podemos novamente voltar para o nosso interior. Desse modo, entramos em contato e mantemos, mantemos e entramos em contato, soltando a tensão.

Essa forma de meditação profunda – acolher com atenção e respiração áreas de tensão entranhadas no corpo – abre caminhos para os níveis inconsciente/criança interior/animal do nosso ser. Podemos praticá-la para trazer à consciência "a tristeza, o desespero, os arrependimentos e os anseios com que tivemos dificuldade de entrar em contato no passado".* Podem acompanhar essas meditações profundas diversas formas de liberação emocional, como lágrimas, tremores, calor no corpo, riso e bocejos. Envolvida por uma energia amorosa, essa liberação emocional pode ser muito curativa.

* Thich Nhat Hanh, *Reconciliation: Healing the Inner Child* (Berkeley, CA: Parallax Press, 2010), 51.

apêndice 3

OS TRÊS TOQUES DA TERRA

Os Três Toques da Terra é uma meditação dirigida que nos ajuda a ter uma experiência direta dos nossos vínculos com a Terra e com o fluxo da vida: passado, presente e futuro. A meditação é normalmente praticada deitando-se com o rosto para baixo, mas pode ser feita em qualquer posição. Meditando sozinho, você pode gravar o texto e ouvi-lo. Se você tiver restrições de tempo, não há problema em apenas repetir a primeira frase de cada toque. Passado algum tempo, você pode compor sua própria versão, se assim o desejar. O que segue é a minha própria versão, baseada na minha paixão pela história natural.

1 *Eu toco a Terra, Mãe Terra, planeta Terra, meu lar. Tocando a Terra, eu me uno aos meus ancestrais e descendentes do meu sangue, tanto espirituais como terrenos.*

Ao tocar a Terra, eu me uno aos meus ancestrais de sangue, ou seja, meus ancestrais humanos tanto por parte de pai como por parte de mãe. Entre meus ancestrais consanguíneos estão também criaturas muito diferentes de mim: criaturas que rastejavam e criaturas que nadavam. Eu sou a continuação da biologia dos meus ancestrais, biologia que vem evoluindo continuamente nesta Terra há mais de três bilhões de anos.

Meus descendentes de sangue incluem meus próprios filhos e todos os filhos da minha família terrena, como meus sobrinhos, sobrinhas e suas famílias.

Meus ancestrais espirituais incluem mestres de muitas tradições religiosas. Estão entre eles também os amigos, parentes e professores que me ensinaram o amor, o respeito e a felicidade. E ainda outras criaturas, como os pássaros, que erguem a cabeça ao cantar e nos ensinam a cantar.

Meus descendentes espirituais são todos aqueles que eu toco com amor e compreensão.

Meus ancestrais da terra são todas as criaturas desta terra – pessoas, animais, plantas e minerais – que vieram antes de mim e que dão sustento à minha vida. Meus descendentes da terra são todas as criaturas desta terra que são tocadas por minhas ações e as levam para o futuro.

Todos os ancestrais e descendentes – nós todos fazemos parte do fluxo da vida em incessante movimento.

2 *Eu toco a Terra, Mãe Terra, planeta Terra, meu lar. Tocando a Terra, eu me uno à Terra e a todos os seres que estão presentes, neste momento, neste mundo, comigo.*

Os minerais da Terra estão entretecidos com a minha carne e com os meus ossos. O ar que entra em meu peito contém o oxigênio vivificante produzido pelas plantas. Em cada célula do meu corpo, carrego o líquido salgado dos meus oceanos ancestrais. A energia do Sol fortalece a minha respiração, o meu coração e os meus pensamentos.

No meu alimento vejo a carne e o corpo de muitas outras criaturas. Vejo como a manutenção da minha vida e o conjunto de tudo o que possuo afeta a vida de outras pessoas, animais, vegetais e minerais. Eu sou a rã nadando no lago, sou também a cobra que quer devorar a rã para se alimentar. Posso ver que faço parte da teia da vida.

Neste corpo, vejo também a presença do tempo infinito e de uma providência infinita. Vejo meus liames com todos os seres e vejo os laços deles comigo.

3 *Eu toco a Terra, Mãe Terra, planeta Terra, meu lar. Tocando a Terra, repudio a ideia de que minha vida é este corpo e de que a minha existência se limita a este período de vida específico.*

Posso ver a minha vida no passado, no presente e no futuro. Posso ver a minha vida antes da manifestação do meu corpo e depois da dissolução do meu corpo. Posso ver que sou parte de um fluxo em constante movimento – de sangue, espiritual e ancestrais da terra – que há bilhões de anos vem fluindo para o presente e avança para o futuro.

Minha vida é sustentada pela Terra, pelo cosmos e por uma infinidade de outros seres, e está sempre em relação com todos eles. Posso ver que meu corpo está constantemente se dissolvendo e reaparecendo, como também minhas ações, em muitas outras formas.

Posso ir além da ideia de que sou um eu separado no tempo e no espaço de outras pessoas e de outras formas de vida, e do restante do mundo. Somos todos ondas no oceano, cada um feito da mesma água ancestral, todos conectados e interdependentes.

Compomos todos uma teia maravilhosa na tapeçaria do mundo, entremeados aqui em nossa imensa bola giratória, neste nosso planeta que gira em torno do Sol, nossa estrela. Isso é real.

Agradecimentos

Agradeço aos nossos incontáveis ancestrais de sangue, espirituais e da terra. Senti seu amor e sabedoria fluindo através do meu corpo e para este livro.

No tempo presente, agradecimento muito especial a Caleb Cushing por me estimular a escrever estas páginas e por seu apoio firme, por algumas das melhores afirmações e pelo seu imenso coração. Foi Caleb quem certa vez perguntou, espantado, "Você tem certeza de que essa prática dá resultados?"

Agradeço a Terry Helbick-White e Rick Hanson por abrirem meus olhos para a felicidade enraizada nas vias neurais. Meu obrigado a Natascha Bruckner pela impressão da primeira versão em *The Mindfulness Bell*. Obrigado a Travis Masch, Rachel Neumann e Terry Barber da Parallax Press por terem me convencido a escrever este livro, e a todo o pessoal da editora. Agradeço ao editor Tai Moses, ao artista Jason DeAntonis, e à *designer* Elaine Chow. Agradeço às editoras voluntárias Connie Jacowitz e Sharon Moy.

Agradeço a todos os que me incentivaram a prosseguir, ajudaram a testar a prática e deram seus depoimentos, entre eles Betty, Lyn, Chau, Ilana, Denise, Jo-Ann, Stiles, Diana, Ruby, Brandy, Peter, Lennis, Sarah, Brigitte, David, Miriam, Augusta, a Sangha Buckeye, a Sangha Potluck, e muitos outros.

Que os nossos esforços tragam felicidade para todos os seres, a começar por nós mesmos.

JIJYUZANMAI

Entregando-me à expiração
E deixando a inspiração preencher-me naturalmente
Tudo o que resta é um zafu vazio
Sob um céu imenso,
O peso de uma chama.

– KEIZAN ZENJI, 1268-1325

Tradução inglesa de Dai-En Benage Roshi
com agradecimentos a Mitchell Ratner

Monges e leigos praticam a arte de viver com atenção plena na tradição de Thich Nhat Hanh em comunidades espalhadas em todo o mundo. Para conhecer essas comunidades ou obter informações sobre indivíduos e famílias que se reúnem para um período de práticas, entre em contato com:

Plum Village
13 Martineau
33580 Dieulivol, France
www.plumvillage.org

Magnolia Grove Monastery
123 Towles Rd.
Batesville, MS 38606
www.magnoliagrovemonastery.org

Blue Cliff Monastery
3 Mindfulness Road
Pine Bush, NY 12566
www.bluecliffmonastery.org

Deer Park Monastery
2499 Melru Lane
Escondido, CA 92026
www.deerparkmonastery.org

The Mindfulness Bell, periódico dedicado à arte de viver com atenção plena na tradição de Thich Nhat Hanh, é publicado três vezes por ano pela Plum Village. Para assinar ou conhecer o diretório internacional de Sanghas, visite www.mindfulnessbell.org.

Próximos Lançamentos

Editora Pensamento
SÃO PAULO

Para receber informações sobre os lançamentos da Editora Pensamento, basta cadastrar-se no site: www.editorapensamento.com.br

Para enviar seus comentários sobre este livro, visite o site www.editorapensamento.com.br ou mande um e-mail para atendimento@editorapensamento.com.br